MINISTÈRE DES TRAVAUX PUBLICS

LE NOUVEAU CODE DE LA ROUTE

TEXTE OFFICIEL

des lois et décrets

entièrement mis à jour

ÉDITION

1929

Prix : 1 fr. 50

ETIENNE CHIRON, Editeur
40, Rue de Seine, PARIS

LE NOUVEAU
CODE DE LA ROUTE

TEXTE OFFICIEL

**du décret du 31 Décembre 1922 tel qu'il a été modifié
par ceux des 12 Septembre 1925, 12 Avril 1927
et 21 Août 1928**

Le Président de la République française.

Sur le rapport des ministres de l'Intérieur et des Travaux publics.

Vu la loi du 30 mai 1851 sur la police du roulage et des messageries publiques et notamment l'article 2 de cette loi ;

Vu l'article 3 de la loi constitutionnelle du 25 février 1875 ;

Vu le décret du 10 août 1852 portant règlement d'administration publique sur la police de la circulation et du roulage, modifié et complété par les décrets des 24 février 1858 et 29 août 1863 ;

Vu les décrets des 10 mars 1899, 10 septembre 1901 et 4 septembre 1919, concernant la circulation des automobiles ;

Vu le décret du 27 mai 1921 portant règlement général sur la police de la circulation et du roulage, modifié par les décrets du 3 juin 1922 et du 31 août 1922 ;

Vu l'avis des ministres des Finances et de l'Agriculture ;

Le Conseil d'Etat entendu,

Décrète :

ARTICLE PREMIER. — L'usage des voies ouvertes à la circulation publique est régi par les dispositions du présent règlement.

CHAPITRE PREMIER

DISPOSITIONS APPLICABLES A TOUS LES VÉHICULES, AUX BÊTES DE TRAIT, DE CHARGE ET AUX ANIMAUX MONTÉS

Pression sur le sol, forme et nature des bandages

ART 2. — La pression exercée sur le sol par un véhicule ne doit, à aucun moment pouvoir excéder 150 kilogr. par centimètre de largeur du bandage ; cette largeur est mesurée, au contact avec un sol dur, sur un bandage neuf en état de fonctionnement normal.

Les bandages métalliques ne doivent présenter aucune saillie sur leurs surfaces prenant contact avec le sol. Cette disposition n'est pas applicable, pour les trajets entre la ferme et les champs, aux machines agricoles à traction animale et aux véhicules automobiles servant à l'agriculture. Toutefois, les roues ou tables de roulement de ces instruments et véhicules doivent être aménagées de manière à ne pas occasionner des dégradations anormales à la voie publique.

Les roues des véhicules automobiles servant au transport des personnes et des marchandises, ainsi que les roues de leurs remorques, doivent toutes être munies de bandages en caoutchouc ou de tous autres systèmes équivalents au point de vue de l'élasticité.

Les clous et les rivets fixés sur les bandages en caoutchouc en vue d'éviter le dérapage doivent s'appuyer sur le sol par une surface circulaire et plate d'au moins 10 millimètres de diamètre, ne présentant aucune arête vive et ne faisant pas saillie sur la surface de roulement de plus de 4 millimètres.

Le délai d'application des prescriptions du présent article aux véhicules en service lors de la publication du présent règlement est fixé par l'article 60 ci-après.

Les prescriptions du présent article ne sont applicables aux matériels spéciaux des départements de la guerre et de la marine qu'autant qu'elles ne sont pas incompatibles avec leur destination.

Gabarit des véhicules

ART. 3. — Dans une section transversale, la largeur d'un véhicule, toutes saillies comprises, ne doit nulle part être supérieure à 2 m. 50. L'extrémité de la fusée, le moyeu et les organes de freinage, toutes pièces accessoires comprises, ne doivent pas faire saillie sur le reste du contour extérieur du véhicule.

Seules peuvent faire exception à cette dernière règle :

1° Les machines agricoles ;

2° Les véhicules à traction animale dont la carrosserie ne surplombe pas les roues ou qui ne sont pas pourvues d'ailes ou de garde-boue ; dans ce cas, le point le plus saillant de la fusée, du moyeu ou des organes de freinage, toutes pièces accessoires comprises, ne doit pas faire saillie de plus de 20 centimètres sur le plan passant par le bord extérieur du bandage.

Le délai d'application des prescriptions ci-dessus aux véhicules en service lors de la promulgation du présent règlement, est fixé par l'article 60 ci-après.

Les prescriptions des paragraphes précédents ne sont applicables aux matériels spéciaux des départements de la guerre et de la marine qu'autant qu'elles ne sont pas incompatibles avec leur destination.

Les chaînes et autres accessoires, mobiles ou flottants, doivent être fixés au véhicule de manière à ne pas sortir, dans leurs oscillations, du contour extérieur du véhicule et à ne pas traîner sur le sol.

Éclairage (1)

ART. 4. — Sans préjudice des prescriptions spéciales des articles 24 et 37 ci-après, aucun véhicule marchant isolément ne peut

____

(1) Voir plus loin le texte de l'arrêté du 28 juillet 1928.

circuler après la tombée du jour sans être signalé vers l'avant par un ou deux feux blancs et vers l'arrière par un feu rouge.

L'un des feux blancs, ou le feu blanc s'il est unique, est placé sur le côté gauche du véhicule. Il en est de même du feu rouge Celui-ci peut être produit par le même foyer lumineux que le feu gauche d'avant, dans le cas où la longueur totale du véhicule, chargement compris, n'excède pas 6 mètres.

Toutefois, les voitures agricoles se rendant de la ferme aux champs ou des champs à la ferme, pourront n'être éclairées qu'au moyen d'un falot porté à la main. Elles seront même dispensées de tout éclairage sur les chemins ruraux et vicinaux ordinaires et, exceptionnellement, sur des sections de chemins vicinaux d'intérêt commun, à la condition que tous ces chemins ou sections de chemin n'intéressent pas la circulation générale et qu'ils aient été désignés et portés à la connaissance du public par arrêté préfectoral.

Il ne sera exigé, pour les voitures à bras, qu'un feu unique, coloré ou non.

Quand les véhicules marchant en convoi, dans les conditions fixées par l'article 13 du présent règlement, le premier véhicule de chaque groupe de deux voitures se suivant sans intervalle doit être pourvu d'au moins un feu blanc à l'avant et le second d'un feu rouge à l'arrière.

Plaques

ART. 5. — Indépendamment des plaques spéciales aux automobiles, définies à l'article 27 ci-après, tout propriétaire est tenu de faire apposer, d'une manière très apparente, sur les véhicules lui appartenant, une plaque métallique portant, en caractères lisibles, ses nom, prénoms et domicile.

Sont exceptés de cette disposition :

1° Les voitures à bras ;

2° Les voitures à traction animale destinées au transport des personnes et étrangères à un service public de transport en commun ;

3° Les voitures appartenant à l'administration des postes ;

4° Les voitures, chariots et fourgons appartenant aux départements de la guerre et de la marine ;

5° Les véhicules automobiles dont l'usage est réservé exclusivement aux besoins des services de police et de sûreté générale ;

6° Les voitures employées à la culture des terres, au transport des récoltes, à l'exploitation des fermes, soit qu'elles se rendent de la ferme aux champs ou des champs à la ferme, soit qu'elles servent au transport des objets récoltés, du lieu où ils ont été recueillis jusqu'à celui où pour les conserver ou les manipuler, le cultivateur les dépose ou les rassemble.

Des décrets déterminent les marques distinctes que doivent porter les voitures désignées aux paragraphes 3 et 4 et les titres dont les conducteurs doivent être munis.

Largeur du chargement

ART. 6. — La largeur du chargement des véhicules ne peut excéder 2 m. 50. Toutefois, les préfets des départements peuvent délivrer des permis de circulation pour les objets d'un grand volume qui ne seraient pas susceptibles d'être chargés dans ces conditions : ces permissions seront soumises aux règles fixées par l'article 14 ci-après.

Sont affranchies de toute réglementation de largeur du chargement les voitures d'agriculture, lorsqu'elles sont employées au transport des récoltes de la ferme aux champs et des champs à la ferme ou au marché. En outre, ne sont pas astreintes à cette réglementation les voitures chargées de paille ou de foin qui se rendent au lieu de livraison situé dans un rayon de 25 kilomètres.

Aucun siège, fixe ou mobile, placé sur le côté d'un véhicule, ne doit faire saillie sur la largeur du véihcule ou de son chargement, ni être disposé de telle sorte que le conducteur assis sur ce siège, ait tout ou partie du corps en saillie sur la largeur du véhicule ou de son chargement.

Les prescriptions du présent article ne sont applicables aux matériels spéciaux de la guerre et de la marine qu'autant qu'elles ne sont pas incompatibles avec leur destination.

Conduite des véhicules et des animaux

Art. 7. — Tout véhicule doit avoir un conducteur ; cette règle ne souffre d'exception que dans les cas prévus par les articles 13 et 32 du présent règlement.

Les bêtes de trait ou de charge et les bestiaux doivent être accompagnés.

Les conducteurs doivent être constamment en état et en position de diriger leur véhicule ou de guider leurs attelages, bêtes de selle, de trait, de charge ou bestiaux. Ils sont tenus d'avertir de leur approche les autres conducteurs et les piétons.

Ils peuvent utiliser le milieu ou la partie droite de la chaussée, mais il leur est formellement interdit de suivre la partie gauche, sauf en cas de dépassement ou de nécessité de virage.

La conduite des troupeaux est spécialement réglementée par l'article 56 ci-après.

Vitesse

Art. 8. — Les conducteurs de véhicules quelconques, de bêtes de trati, de somme ou de selle, ou d'animaux, doivent toujours marcher à une allure modérée dans la traversée des agglomérations toutes les fois que le chemin n'est pas parfaitement libre ou que la visibilité n'est pas assurée dans de bonnes conditions.

Croisement et dépassement

Art. 9. — Les conducteurs de véhicules quelconques, de bêtes de trait, de charge ou de selle, ou d'animaux, doivent toujours leur droite pour croiser ou se laisser dépasser ; ils doivent prendre à gauche pour dépasser.

Ils doivent se ranger à droite à l'approche de tout véhicule ou animal accompagné. Lorsqu'ils sont croisés ou dépassés, ils doivent laisser libre à gauche le plus large espace possible et au moins la moitié de la chaussée quand il s'agit d'un autre véhicule ou d'un troupeau, ou 2 mètres quand il s'agit d'un piéton, d'un cycle ou d'un animal isolé.

Lorsqu'ils veulent dépasser un autre véhicule, ils doivent, avant de prendre la gauche, s'assurer qu'ils peuvent le faire sans risquer une collision avec un véhicule ou animal venant en sens inverse.

Il est interdit d'effectuer un dépassement quand la visibilité en avant n'est pas suffisante.

'Après un dépassement, un conducteur ne doit ramener son véhicule sur la droite qu'après s'être assuré qu'il peut le faire sans inconvénient pour le véhicule ou l'animal dépassé.

Bifurcations et croisées de chemins

Art. 10 (ainsi modifié par l'article 1er du décret du 12 avril 1927). — Tout conducteur de véhicule ou d'animaux abordant une bifurcation ou une croisée de chemins, doit annoncer son approche ou vérifier que la voie est libre, marcher à allure modérée et serrer sur sa droite, surtout aux endroits où la visibilité est imparfaite.

Le conducteur est tenu aux bifurcations et croisées de chemins, de céder le passage au conducteur qui vient sur la voie située à sa droite.

Stationnement des véhicules sur la voie publique

Art. 11 (ainsi modifié par le décret du 21 août 1928) — Il est interdit de laisser sans motif légitime un véhicule stationner sur la voie publique.

Tout véhicule en stationnement sera placé de manière à gêner le moins possible la circulation et à ne pas entraver l'accès des propriétés.

Les conducteurs ne peuvent abandonner leur véhicule avant d'avoir pris les précautions nécessaires pour éviter tout accident.

Lorsqu'un véhicule est immobilisé par suite d'accident ou que tout ou partie d'un chargement tombe sur la voie publique sans pouvoir être immédiatement relevé, le conducteur doit prendre les mesures nécessaires pour garantir la sécurité de la circulation et notamment pour assurer dès la chute du jour, l'éclairage de l'obstacle.

Circulation sur les pistes spéciales

Art. 12. — Lorsqu'une partie de la route a été aménagée spécialement en trottoir ou piste, en vue de circulation déterminée (piétons, cavaliers, cyclistes, etc.), il est interdit d'y circuler ou d'y stationner avec d'autres modes de locomotion, sauf les dérogations prévues à l'article 54 ci-dessous.

Convois

Art. 13. — Des véhicules groupés en vue d'un trajet à faire de conserve forment un convoi.

Par dérogation à l'article 7 ci-dessus, un convoi de véhicules à traction animale peut ne comporter qu'un conducteur par trois véhicules se suivant sans intervalles, sous les réserves suivantes :

a) L'attelage du premier véhicule comportera au plus deux animaux, dont l'un pourra d'ailleurs, être attelé en flèche ; les deuxième et troisième véhicules ne seront attelés chacun que d'un animal ;

b) Les animaux attelés au deuxième et au troisième véhicule seront attachés à l'arrière du véhicule qui les précède ;

c) Le conducteur, s'il n'est pas à pied, ne pourra prendre place que sur le premier véhicule et devra constamment avoir les guides en mains.

Si le convoi ne comprend que deux véhicules, chacun de ceux-ci pourra comporter plus d'un animal attelé. Dans ces cas, l'on pourra se contenter d'un seul conducteur, et l'attelage de la première voiture pourra comprendre un animal en flèche, à condition que les réserves b et c ci-dessus soient respectées et que le nombre total des animaux ne dépasse pas six.

Un convoi doit être fractionné en tronçons mesurant chacun 25 mètres de longueur au plus, attelages compris pour les convois de véhicules à traction animale ; en tronçons mesurant 50 mètres de longueur au plus, remorques comprises, pour les convois de véhicules automobiles. L'intervalle entre deux tronçons consécutifs doit être d'au moins 25 mètres dans le premier cas et de 50 mètres dans le second.

Les dispositions du présent article ne sont pas applicables aux convois militaires.

Transports exceptionnels

Art. 14. — Lorsqu'il y a lieu de transporter des objets indivisibles, de dimensions et de poids considérables, exigeant un attelage supérieur à celui qui est déterminé par l'article 18 du présent règlement, ou dépassant les limites de charge fixées par l'article 2, ou ayant une largeur de chargement supérieure à celle qui est fixée par l'article 6, ou, enfin, susceptibles de compromettre le passage des autres véhicules sur une route ou un chemin, les conditions de leur transport sont fixées par les préfets des départements parcourus, après avis des ingénieurs des ponts et chaussées ou des agents voyers.

Les arrêtés pris en vertu des dispositions qui précèdent mentionneront l'itinéraire à suivre et les mesures à prendre pour assurer la facilité et la sécurité de la circulation publique et pour empêcher tout dommage aux routes et aux chemins, aux ouvrages d'art et aux plantations.

Barrières de dégel

Art. 15. — Les préfets, pour les routes nationales et départementales, les chemins de grande communication et d'intérêt commun, et les routes forestières, les maires, pour les autres voies, peuvent ordonner l'établissement de barrière de dégel.

Peuvent seuls circuler pendant la fermeture de ces barrières :

1º Les courriers-postaux ;

2º Les véhicules destinés au transport des personnes et étrangers à un service public de transport en commun ;

3º Les véhicules à traction animale non chargés et les voitures à bras ;

4º Les véhicules ne rentrant pas dans les catégories précédentes, sous réserve que le nombre des animaux d'attelage pour les véhicules à traction animale et la pression exercée sur le sol, par centimètre de largeur de bandage, pour les véhicules de toutes catégories, ne dépassant pas les limites qui seront fixées par le préfet, à raison du climat, du mode de construction et de l'état des chaussées, de la nature du sol et des autres circonstances locales.

Tout véhicule pris en contravention aux dispositions du présent article sera arrêté et mis en fourrière, le tout sans préjudice de l'amende encourue et des frais de réparation des dommages causés à la voie publique.

Passage des ponts

Art. 16. — Sur les ponts qui n'offriraient pas toutes les garanties nécessaires à la sécurité du passage, le préfet ou le maire, suivant la nature des voies, peuvent prendre toutes dispositions qui seront jugées nécessaire pour assurer cette sécurité.

Le maximum de la charge autorisée et les mesures prescrites. pour la protection et le passage de ces. ponts sont, dans tous les cas, placardés à leur entrée et à leur sortie, de manière à être parfaitement visibles des conducteurs

Dans les circonstances urgentes, les maires peuvent prendre les mesures provisoires que leur paraît commander la sécurité publique. sauf à en rendre compte à l'autorité supérieure.

CHAPITRE II

DISPOSITIONS SPÉCIALES AUX VÉHICULES A TRACTION ANIMALE

Freins

Art. 17. — Si la topographie l'exige, le préfet peut imposer, sur certaines voies, l'obligation de munir tout véhicule d'un frein où dispositif d'enrayage.

Nombre d'animaux d'un attelage

Art. 18. — Sauf dans les cas prévu à l'article 14 ci-dessus, il ne peut être attelé :

1º Aux véhicules servant au transport des marchandises, plus de cinq chevaux ou bêtes de trait, s'il s'agit de véhicules à deux roues ; plus de six bœufs ou de huit chevaux ou autres bêtes de trait, s'il s'agit de véhicules à quatre roues, sans qu'il puisse y avoir plus de cinq animaux en enfilade ;

2º Aux véhicules servant au transport des personnes ; plus de trois chevaux, s'il s'agit de véhicules à deux roues ; plus de six, s'il sagit de véhicules à quatre roues.

Quand le nombre des bêtes de trait est supérieur à six, il doit être adjoint un aide au conducteur.

Renforts

Art. 19. — La limitation du nombre des animaux d'attelage, fixée par l'article précédent, n'est pas applicable sur les sections de routes offrant des rampes d'une déclivité ou d'une longueur exceptionnelles.

Ces sections de routes sont déterminées par arrêtés préfectoraux et leurs limites sont indiquées sur place par des poteaux portant l'inscription « Renfort ».

L'emploi d'animaux de renfort peut aussi être autorisé temporairement par le préfet sur les sections de routes où les travaux de réparations ou d'autres circonstances rendent cette mesure nécessaire. Dans ce cas, des poteaux provisoires sont posés pour indiquer les limites de ces sections.

Neige ou verglas

Art. 20. — En temps de neige ou de verglas, les prescriptions relatives à la limitation du nombre des animaux de trait sont suspendues.

CHAPITRE III

DISPOSITION SPÉCIALES AUX VÉHICULES AUTOMOBILES

Organes moteurs

ART. 21 (ainsi modifié par le décret du 12 septembre 1925). — Les organes d'un véhicule automobile doivent être disposés de façon à éviter tout danger d'incendie ou d'explosion ; leur fonctionnement ne doit constituer aucune cause de danger ou d'incommodité.

Les moteurs doivent être munis d'un dispositif d'échappement silencieux, l'échappement libre est interdit.

L'appareil d'où procède la source d'énergie est soumis aux dispositions des règlements sur les appareils de même genre en vigueur ou à intervenir.

Organes de manœuvre et de direction

ART. 22. — Le véhicule doit être disposé de manière que la vue du conducteur soit bien dégagée vers l'avant.

Le conducteur doit pouvoir actionner de son siège les organes de manœuvres et consulter les appareils indicateurs sans cesser de surveiller la route.

Les organes de commande de la direction offriront toutes les garanties de solidité désirables.

Les véhicules automobiles dont le poids à vide excède 350 kilogrammes seront munis de dispositifs de marche arrière.

Tout véhicule automobile servant au transport des marchandises et dont le poids en charge dépasse 3.000 kilogr doit être muni d'un appareil rétroviseur disposé de telle manière que le conducteur puisse apercevoir, de sa place, tout autre véhicule susceptible de le dépasser.

Le délai d'application des prescriptions du précédent paragraphe aux véhicules en service lors de la promulgation du présent règlement est fixé par l'article 60 ci-après.

Organes de freinage

ART. 23. — Tout véhicule automobile doit être pourvu de deux systèmes de freinage à commande et transmission indépendantes ; ces freins doivent être suffisamment puissants pour arrêter et immobiliser le véhicule sur les plus fortes déclivités.

L'un au moins des systèmes de freinage doit agir directement sur les roues ou sur des couronnes immédiatement solidaires de celles-ci.

Dans le cas d'un véhicule à avant-train moteur, l'un des systèmes de freinage à la disposition du conducteur, doit agir sur les roues arrière du véhicule.

Les remorques uniques sont exemptées de l'obligation des freins. Dans le cas de train routier, chaque véhicule doit être muni d'un système de freinage satisfaisant aux conditions du premier alinéa du présent article et susceptible d'être actionné soit par le conducteur à son poste sur l'automobile, soit par un conducteur spécial.

Eclairage (1)

Art. 24 (ainsi modifié par le décret du 12 avril 1927). — Tout véhicule automobile, autre que la motocyclette, doit être muni, dès la chute du jour, à l'avant de deux lanternes à feu blanc et à l'arrière, d'une lanterne à feu rouge placée à gauche

Pour la motocyclette, l'éclairage peut être réduit soit à un feu visible de l'avant et de l'arrière, soit même, quand un appareil à surface réfléchissante rouge est établi à l'arrière, à un feu visible de l'avant seulement.

En outre, tout véhicule marchant à une vitesse supérieure à 20 kilomètres à l'heure devra porter au moins un appareil supplémentaire ayant une puissance suffisante pour éclairer la route à 100 mètres en avant et dont le faisceau lumineux sera réglé de manière à n'être pas aveuglant pour les autres usagers de la route. L'emploi de ces appareils est interdit, à la traversée des agglomérations, dans les voies pourvues d'un éclairage public.

Le Ministre des travaux publics détermine par arrêté les spécifications auxquelles doivent répondre les dispositifs d'éclairage des automobiles pour satisfaire aux prescriptions de l'alinéa qui précède. Il approuve les types des dispositifs qui sont reconnus répondre à ces prescriptions.

Dès la chute du jour, les automobiles isolés doivent être munis d'un dispositif lumineux, capable de rendre lisible le numéro inscrit sur la plaque arrière et dont l'apposition est prescrite par l'article 27 du présent règlement. Dans le cas de véhicules remorqués par une automobile, ce dispositif d'éclairage, ainsi que le feu rouge d'arrière, doivent être reportés à l'arrière de la dernière remorque, qui doit également porter le numéro du véhicule tracteur, conformément à l'article 32 ci-après.

Par dérogation aux prescriptions du présent article, les automobiles qui stationnent sur la voie publique dans les conditions prévues au deuxième et troisième alinéa de l'article 11, peuvent être signalés par une seule lanterne, donnant vers l'avant un feu blanc et vers l'arrière un feu rouge et placée de manière à couvrir le véhicule du côté où s'effectue la circulation. L'emplacement, les caractéristiques de l'appareil et la puissance de l'éclairage doivent être tels que l'automobile soit efficacement signalé au conducteur de tout véhicule s'approchant dans un sens ou dans l'autre.

La dérogation, permise à l'alinéa précédent, ne s'applique pas aux automobiles traînant une remorque.

Signaux sonores

Art. 25. — En rase campagne, l'approche de tout véhicule automobile doit être signalée, en cas de besoin, au moyen d'un appareil sonore susceptible d'être entendu à 100 mètres au moins et différent des types de signaux réservés à d'autres usagers par des règlements spéciaux.

Toutefois, dans les agglomérations ,le son émis par l'avertisseur devra rester d'intensité assez modérée pour ne pas incommoder les habitants ou les passants, ni d'effrayer les animaux. L'usage des trompes à sons multiples, des sirènes et des sifflets y est interdit.

---

(1) Voir plus loin le texte de l'arrêté du 28 juillet 1923.

Réception

Aʀт. 26. — La constatation que les véhicules automobiles satis-font aux diverses prescriptions des articles 21, 22 et 23 ci-dessus est faite par le service des mines, soit par un type de véhicule sur la demande du constructeur, soit par véhicule isolé sur la demande du propriétaire.

Pour les véhicules construits en France, le constructeur doit demander la vérification de tous les types d'automobiles qu'il a établis ou qu'il établira. En ce qui concerne les véhicules de provenance étrangère, la vérification par type n'est admise que si le constructeur étranger possède en France un représentant spécialement accrédité auprès du ministre des travaux publics. Dans ce cas, elle a lieu sur la demande dudit représentant.

Lorsque le fonctionnaire du service des mines a constaté que le véhicule présenté satisfait aux prescriptions réglementaires, il dresse de ses opérations un procès-verbal dont une expédition est remise au demandeur.

Le constructeur a la faculté de livrer au public un nombre quelconque de véhicules conformes à chacun des types qui ont été reconnus satisfaire au règlement. Il donne à chacun d'eux un numéro d'ordre dans la série à laquelle le véhicule appartient et il remet à l'acheteur une copie du procès-verbal, ainsi qu'un certificat attestant que le véhicule livré est entièrement conforme au type. Le certificat spécifie le maximum de vitesse que le véhicule est capable d'atteindre en palier. Pour les voitures de provenance étrangère, ce certificat doit être signé, pour le constructeur par le représentant mentionné au deuxième alinéa du présent article.

En cas de refus par les ingénieurs des mines de dresser procès-verbal constatant que le véhicule présenté satisfait aux prescriptions réglementaires, les intéressés peuvent faire appel au ministre des travaux publics qui statue après avis de la commission centrale des automobiles.

Plaques

Aʀт. 27. — Indépendamment de la plaque prescrite par l'article 5 ci-dessus et portant les nom, prénoms et domicile du propriétaire, tout véhicule automobile doit porter d'une manière apparente, sur une ou plusieurs plaques métalliques, le nom du constructeur, l'indication du type et le numéro d'ordre dans la série du type, et, en outre, s'il s'agit d'un véhicule destiné à transporter des marchandises, le poids du véhicule à vide, et le poids du chargement maximum. Les véhicules remorqués doivent porter également, sur une plaque métallique l'indication de leur poids à vide et du poids de leur chargement maximum.

Tout véhicule automobile doit, en outre, être pourvu de deux plaques d'identité portant un numéro d'ordre ; ces plaques doivent être fixées en évidence, d'une manière inamovible, à l'avant et à l'arrière du véhicule. Le ministre des travaux publics en arrête le modèle et le mode de pose ; il détermine également l'attribution des numéros d'ordre aux intéressés.

Autorisation de circuler

Aʀт. 28. — Tout propriétaire d'un véhicule automobile doit, avant de le mettre en circulation sur les voies publiques, adresser au préfet du département de sa résidence, une déclaration faisant connaître ses nom et domicile, et accompagnée d'une copie du procès-verbal dressé en exécution de l'article 26 ci-dessus

Un récépissé de sa déclaration est remis au propriétaire ; ce récépissé indique le numéro d'ordre assigné au véhicule.

La déclaration du propriétaire est communiquée sans délai au service des mines.

La déclaration faite dans un département e·t valable pour toute la France.

Les prescriptions du présent article ne sont pas applicables aux véhicules automobiles des formations de l'armée et de la marine, immatriculés dans des séries spéciales. Pour ces véhicules, le livret matricule du modèle réglementaire tient lieu de récépissé de déclaration.

Permis de conduire

ART. 29 (ainsi modifié par le décret du 21 août 1928). — Nul ne peut conduire un véhicule automobile s'il n'est pas porteur d'un permis délivré par le préfet du département de sa résidence, sur l'avis d'un expert accrédité par le ministre des travaux publics. Ce permis ne peut être délivré qu'à des candidats âgés d'au moins dix-huit ans. Il ne peut être utilisé pour la conduite soit des voitures affectées à des transports en commun, soit des véhicules dont le poids en charge dépasse 3.000 kilogr., que s'il porte une mention spéciale à cet effet.

Les conducteurs de motocycles à deux roues doivent être porteurs d'un permis spécial que le préfet pourra, sur l'avis favorable d'un expert accrédité, délivrer aux candidats âgés de seize ans au moins.

Sont dispensés des prescriptions énoncées dans les paragraphes précédents, les conducteurs de véhicules à propulsion mécanique dont l'objet principal est la culture des terres.

Le Ministre des travaux publics fixe, par arrêté, les conditions dans lesquelles doivent être établis et délivrés les permis de conduire.

Si le titulaire d'un permis de conduire est l'objet d'un procès-verbal constatant un des faits prévus aux articles 319 et 320 du code pénal, le Préfet du département où a été dressé le procès-verbal peut prononcer la suspension du permis jusqu'à la décision à intervenir.

Lorsque le titulaire est condamné, pour avoir contrevenu aux dispositions du présent décret, le préfet du département où intervient la condamnation peut prononcer soit la suspension, soit l'annulation du permis.

Quand le titulaire d'un permis est condamné par application des articles 319 et 320 du code pénal, le préfet doit prononcer soit la suspension, soit l'annulation du permis.

L'annulation est obligatoirement prononcée si le jugement constate que le conducteur a commis par surcroît le délit de fuite visé par la loi du 17 juillet 1908 ou qu'il était en état d'ivresse. Elle l'est également en cas d'infraction à un arrêté prononçant la suspension du permis.

En cas d'annulation l'arrêté qui la prononce peut fixer un délai à l'expiration duquel le titulaire du permis annulé pourra en solliciter un nouveau. Sinon le titulaire du permis annulé ne peut en solliciter un nouveau qu'après y avoir été autorisé par le préfet après avis de la commission spéciale prévue ci-après.

Si postérieurement à la délivrance d'un permis une incapacité permanente du titulaire est dûment constatée, le préfet du département où cette constatation a lieu prononce l'annulaion du permis.

Tous les arrêtés préfectoraux portant suspension ou annulation du permis de conduire sont pris après avis d'une commission technique spéciale. Les titulaires de permis contre lesquels une mesure est proposée doivent être convoqués devant cette commission ; ils peuvent y présenter des observations, soit en personne, soit par représentants. Les arrêtés de suspension ou d'annulation de permis sont notifiés par les préfets au ministre des travaux publics pour être transmis à l'organisme chargé de l'établissement et de la tenue à jour d'un répertoire général des permis. Les permis suspendus ou annulés sont retirés aux titulaires temporairement en cas de suspension, définitivement en cas d'annulation.

Circulation des automobiles

Art. 30. — Le conducteur d'une automobile est tenu de présenter à toute réquisition des agents de l'autorité compétente :

1º Son certificat de capacité ;

2º Le récépissé de déclaration du véhicule.

Il ne doit jamais quitter le véhicule sans avoir pris les précautions utiles pour prévenir tout accident, toute mise en route intempestive, et pour supprimer tout bruit gênant du moteur.

En cas de dérangement en cours de route les réparations et la mise au point bruyantes doivent, sauf impossibilité absolue être opérées à cent mètres de toute habitation.

Vitesse

Art. 31. — Sans préjudice des responsabilités qu'il peut encourir à raison des dommages causés aux personnes, aux animaux, aux choses ou à la route, tout conducteur d'automobile doit rester constamment maître de sa vitesse ; il est tenu non seulement de réduire cette vitesse à l'allure autorisée sur les voies publiques, pour l'usage desquelles les préfets et les maires ont le pouvoir d'édicter des prescriptions spéciales, conformément aux dispositions de l'article 62 du présent décret, mais de ralentir ou même d'arrêter le mouvement toutes les fois que le véhicule, en raison des circonstances ou de la disposition dés lieux, pourrait être une cause d'accident, de désordre ou de gêne pour la circulation, notamment dans les agglomératinos, dans les courbes, les fortes descentes, les sections de routes bordées d'habitations, les passages étroits et encombrés, les carrefours, lors d'un croisement ou d'un dépassement, ou encore, lorsque, sur la voie publique, les bêtes de trait, de charge, ou de selle, ou les bestiaux montés ou conduits par des personnes, manifestent à son approche des signes de frayeur.

La vitesse des automobiles doit également être réduite dès la chute du jour et en cas de brouillard.

En outre, les véhicules automobiles, dont le poids total en charge est supérieur à 3.000 kilogr., seront astreints, suivant qu'il s'agira du transport des personnes ou des marchandises, et selon la nature des bandages et le poids total du véhicule, à ne pas dépasser les vitesses maxima qui seront fixées par un arrêté spécial pris par les ministres des travaux publics et de l'intérieur, après avis de la commission centrale des automobiles, du conseil général des ponts et chaussées et du comité consultatif de la vicinalité.

Automobiles-tracteurs et véhicules remorqués

Art. 32. — A. — Règles communes au cas d'une remorque unique et au cas de plusieurs remorques. — Sont applicables aux véhicules remorqués, les prescriptions du présent règlement relatives aux véhicules isolés visés aux articles 2, 3, 5, et au premier alinéa de l'article 27 ci-dessus. Sont également applicables aux ensembles formés par les véhicules-tracteurs et les véhicules remorqués, les prescriptions de l'article 13 ci-dessus, concernant les convois.

Le dernier véhicule remorqué doit toujours porter, à l arrière une plaque d'identité reproduisant la plaque d'arrière du véhicule tracteur visée au deuxième alinéa de l'article 27. Toutefois, la plaque du véhicule remorqué pourra être amovible.

Les dispositions particulières aux véhicules remorqués, en ce qui concerne les freins et l'éclairage sont énoncées aux articles 23 et 24 ci-dessus.

Les attelages de fortune au moyen de cordes ou de tout autre dispositif ne sont tolérés qu'en cas de nécessité absolue et sous réserve d'une allure très modérée ; des mesures doivent être prises pour rendre ces attelages parfaitement visibles de jour comme de nuit. Lorsqu'un même tracteur remorque plusieurs véhicules, il ne peut être employé de moyen de fortune que pour un seul attelage.

B. — Règles spéciales au cas d'une remorque unique. — Les limitations de vitesse résultant des dispositions de l'article 31 ci-dessus pour les véhicules automobiles dont le poids total en charge dépasse 3.000 kilogr., s'appliquent à l'ensemble formé par un tracteur et sa remorque considérés comme un véhicule unique dont le poids serait égal à la somme des poids en charge de ses deux éléments.

Si le tracteur et la remorque ne sont pas munis de bandages de même nature, leur vitesse ne peut dépasser le plus faible maximum autorisé pour l'une ou l'autre des catégories de bandages utilisée.

Si le poids en charge de la remorque ne dépasse pas la moitié du poids à vide du tracteur, il n'est pas tenu compte de la remorque pour la limitation de vitesse qui reste déterminée par le poids en charge du tracteur seul.

Toutefois, les véhicules, même pesant en charge moins de 3.000 kilogr., et traînant une remorque, ne devront, en aucun cas, marcher à une vitesse supérieure à 40 kilomètres à l'heure.

C. — Règles spéciales au cas de plusieurs remorques. — Les trains comprenant plusieurs remorques ne peuvent être admis à circuler dans un département sans une autorisation délivrée par le préfet de ce département, après avis, soit de l'ingénieur en chef des ponts et chaussées, soit de l'agent-voyer en chef, soit de ces deux chefs de service, suivant la nature des routes et chemins parcourus.

La demande doit indiquer :

1° Les routes et les chemins que le pétitionnaire a l'intention de suivre ;

2° Les poids en charge du tracteur et de chacune des remorques ainsi que le poids de l'essieu le plus chargé ;

3° La composition habituelle des trains et leur longueur totale ;

4° La vitesse de marche prévue ;

5° Le mode de freinage adopté en conformité des prescriptions de l'article 23.

L'autorisation détermine les conditions que doivent remplir l'automobile et ses conducteurs, pour assurer la sécurité et la commodité de la circulation : en particulier elle fixe la vitesse maxima de marche, le nombre d'hommes qui doivent être attachés au service du train ; en aucun cas, ce nombre ne saurait être inférieur à 2 et il doit toujours être tel que si les freins des véhicules convoyés ne sont pas actionnés par le mécanicien, leur manœuvre soit confiée à autant de conducteurs spéciaux qu'il est nécessaire pour assurer la sécurité de la marche du train, eu égard aux déclivités du parcours et à la vitesse de la marche. Les intéressés peuvent faire appel de la décision du préfet devant le ministre des travaux publics qui statue après avis de la commission centrale des automobiles.

Les prescriptions du présent article ne sont applicables aux matériels spéciaux des départements de la guerre et de la marine qu'autant qu'elles ne sont pas incompatibles avec leur destination

Courses d'automobiles

ART. 33. — Lorque le parcours d'une course d'automobiles est compris dans l'étendue d'un seul département, l'autorisation est donnée par le préfet après avis des chefs de service de voirie et des maires des communes traversées.

Lorsque le parcours comprend plusieurs départements, l'autorisation est délivrée par le ministre de l'intérieur sur l'avis des préfets des départements traversés, après consultations des chefs de service de voirie et des maires.

Les frais de surveillance et autres occasionnés à l'administration par la course sont supportés par les organisateurs de celle-ci qui doivent déposer à cet effet, une consignation préalable.

CHAPITRE IV

DISPOSITIONS SPÉCIALES AUX VÉHICULES ATTELÉS OU AUTOMOBILES
AFFECTÉS AUX SERVICES PUBLICS DE TRANSPORTS EN COMMUN

Déclaration

Dispositions intérieures et extérieures des véhicules

Art. 36. — L'intérieur des véhicules affectés aux services publics de transports en commun doit être disposé de manière à assurer la sécurité et la commodité des voyageurs.

Les indications relatives à l'itinéraire suivi doivent être placées à l'extérieur des véhicules d'une façon très apparente.

Eclairage

Art. 37. — Pendant la nuit, les véhicules affectés aux services publics susvisés seront signalés en avant par deux feux blancs et en arrière par un feu rouge.

Ce dernier devra être placé sur le côté gauche du véhicule. Il pourra, conformément à l'article 4 ci-dessus être produit par le même foyer lumineux que le feu gauche d'avant, dans le cas où la longueur totale du véhicule, chargement compris, n'excède pas six mètres.

L'éclairage des véhicules automobiles sera assuré dans les conditions prévues par l'article 24 ci-dessus. Toutefois, la vitesse maximum à partir de laquelle est obligatoire l'emploi d'un feu éclairant la route à 100 mètres au moins en avant est abaissée de 20 à 12 kilomètres à l'heure.

Réception

Art. 38. — Aussitôt après la déclaration faite en vertu de l'article 34 ci-dessus, le préfet ordonne la visite des véhicules afin de constater qu'ils ne présentent aucun vice de construction qui puisse occasionner des accidents, et qu'ils satisfont aux conditions nécessaires pour assurer la commodité et la sécurité du transport des voyageurs.

Cette visite, qui pourra être renouvelée toutes les fois que

Le retrait d'autorisation de circuler peut être prononcé par le préfet, dans les mêmes formes que la réception, s'il est constaté que le véhicule ne satisfait plus aux conditions voulues.

Les points de stationnement sont fixés par arrêté préfectoral.

Indications diverses et tarifs

ART. 40. — Chaque véhicule affecté aux services publics de transports en commun, doit porter à l'extérieur, dans un endroit apparent indépendamment de l'estampille délivrée par l'administration des contributions indirectes, le nom et le domicile de l'entrepreneur.

Le nombre et le prix des places sont affichés à l'intérieur des compartiments.

Les tarifs ne peuvent être modifiés qu'après que les changement prévus auront été affichés au moins pendant huit jours pleins, par l'entrepreneur, dans ses divers bureaux et à l'intérieur des compartiments de ses véhicules.

Obligations imposées aux conducteurs

ART. 41. — Nul ne peut être admis à conduire des véhicules affectés aux services publics des transports en commun s'il n'est porteur d'un certificat de bonnes vie et mœurs délivré par le maire de la commune de son domicile et en outre, pour les véhicules automobiles, du certificat de capacité visé à l'article 29 ci-dessus.

Les cochers de voitures attelées doivent être âgés de seize ans au moins et les conducteurs d'automobiles de vingt ans au moins

Dans les haltes, le receveur et le conducteur ne peuvent quitter en même temps le véhicule tant qu'il reste attelé ou que le moteur est en mouvement.

Avant de donner le signal du départ, le receveur, ou à son défaut le conducteur, doit s'assurer que les dispositifs destinés à assurer la sécurité des voyageurs sont en place.

Droit de passage

ART. 42. — Lorsque, contrairement à l'article 9 du présent règlement, un roulier ou conducteur de véhicule quelconque, de bête de trait, de charge, ou de selle, ou d'animal, n'aura pas cédé la moitié de la chaussée à un véhicule affecté à un service public de transport en commun, le conducteur qui aurait à se plaindre de cette contravention en fait la déclaration avec tous renseignements et justifications à l'appui à l'officier de police du lieu le plus rapproché.

Celui-ci dresse procès-verbal de la déclaration et la transmet sur-le-champ au procureur de la République.

Création de relais

ART. 43. — Les entrepreneurs sont tenus de faire aux préfectures des départements intéressés, la déclaration des lieux où les relais sont situés ainsi que la déclaration du nom des relayeurs.

La déclaration est renouvelée chaque fois que les entrepreneurs traitent avec un nouveau relayeur.

Organisation des relais

Art. 44. — Les relayeurs ou leurs préposés sont tenus d'être présents à l'arrivée et au départ de chaque véhicule et de s'assurer, eux-mêmes et sous leur responsabilité, que les conducteurs ne sont pas en état d'ivresse.

La tenue des relais, en tout ce qui intéresse la sécurité des voyageurs, est surveillée par les maires des communes où ces relais se trouvent établis.

Registre des réclamations

Art. 45. — A chaque bureau de départ et d'arrivée et à chaque relai, il doit exister un registre coté et paraphé par le maire pour l'inscription des plaintes que les voyageurs peuvent avoir à formuler contre les conducteurs, cochers, ou receveurs. Ce registre est présenté aux voyageurs, à toute réquisition, par le chef du bureau ou le relayeur.

Dispositions spéciales aux voitures internationales

Art. 46. — Les véhicules qui assurent un service international de transports en commun sont soumis, en ce qui concerne les parcours sur le territoire français, aux prescriptions du présent règlement, sauf dérogation résultant d'un accord entre les gouvernements intéressés.

Publicité des dispositions précédentes

Art. 47. — Les articles 34 à 45 inclus doivent être constamment placardés par les soins des entrepreneurs dans le lieu le plus apparent des bureaux et des relais.

Les articles 40 et 45 doivent être imprimés à part et affichés dans l'intérieur de chacun des compartiments des véhicules.

CHAPITRE V

DISPOSITIONS APPLICABLES AUX CYCLES

A. — *Cycles pourvus d'un moteur mécanique*

Art. 48 (ainsi modifié par le décret du 12 septembre 1925). — Les cycles pourvus d'un moteur mécanique sont régis par les dispositions du chapitre III ci-dessus.

Toutefois sont seulement soumis aux articles 21, 22, 23, 25, 26, 31 et 33 du chapitre III relatif aux véhicules automobiles et sont assujettis aux articles 49, 51, 52 § 2 du chapitre V (B) concernant les cycles sans moteur, les bicyclettes à moteur auxiliaire (B. M. A.) présentant les conditions de construction suivantes :

1° Peser au plus 30 kilogrammes moteur compris ;

2° Ne pas dépasser en palier, une vitesse maxima de 30 kilomètres à l'heure ;

3° Demeurer susceptibles d'être actionnés par les pieds au moyen de pédales.

Les constatations et certifications du service des mines prévues à l'article 26 comprendront la vérification de ces conditions de construction.

Indépendamment de la plaque prescrite par l'article 51 et indiquant le nom et le domicile du propriétaire, les bicyclettes à moteur auxiliaire doivent porter d'une manière apparente sur une plaque métallique invariablement fixée au moteur, le nom du constructeur du moteur, l'indication du type du véhicule, le numéro d'ordre dans la série du type et les initiales B. M. A., le tout authentifié par une ou plusieurs marques de poinçon apposées par le constructeur.

B. — *Cycles sans moteur mécanique*

Eclairage

ART. 49. — Dès la chute du jour, tout cycle doit être pourvu soit d'un feu visible de l'avant et de l'arrière, soit d'un feu visible de l'avant seulement et d'un appareil à surface réfléchissante rouge à l'arrière.

Signaux sonores

ART. 50. — Tout cycle doit être muni d'un appareil avertisseur constitué par un timbre à note aiguë ou un grelot, dont le son puisse être entendu à 50 mètres au moins et qui sera actionné aussi souvent qu'il sera besoin. L'emploi de tout autre signal sonore est interdit.

Plaques

ART. 51. — Tout cycle doit porter une plaque métallique indiquant le nom et le domicile du propriétaire, ainsi qu'un numéro d'ordre si le propriétaire est loueur de cycles.

Vitesse

ART. 52. — Les cycles doivent prendre une allure modérée dans la traversée des agglomérations, ainsi qu'aux croisements, carrefours et tournants des voies publiques.

Ils ne peuvent former dans les rues des groupes susceptibles de gêner la circulation.

Croisement ou dépassement

ART. 53. — Les cyclistes doivent prendre leur droite lorsqu'ils croisent des véhicules quelconques, des cycles ou des animaux, et leur gauche lorsqu'ils veulent les dépasser ; dans ce dernier cas, ils sont tenus d'avertir le conducteur ou le cavalier au moyen de leur appareil sonore et de modérer leur allure.

Réglementation de la circulation des cycles

ART. 54. — Par dérogation à l'article 12 ci-dessus, la circulation des cycles est admise sur les trottoirs, à condition que les machines soient conduites à la main.

En outre, le long des routes et chemins pavés ou en état de réfection, la circulation des cycles est tolérée en dehors des agglomérations, sur les trottoirs et contre-allées affectés aux piétons. Mais, dans ce cas, les cyclistes sont tenus de prendre une allure modérée à la rencontre de piétons et de réduire leur vitesse au droit des habitations.

CHAPITRE VI

DISPOSITIONS APPLICABLES AUX PIÉTONS ET ANIMAUX
NON ATTELÉS, NI MONTÉS

Piétons

ART. 55. — Sans préjudice des mesures de prudence qui leur incombent, les conducteurs de véhicules quelconques sont tenus d'avertir les piétons de leur approche.

Les piétons dûment avertis, doivent se ranger pour laisser passer les véhicules, cycles, bêtes de trait, de charge ou de selle.

Troupeaux

ART. 56. — La conduite des groupes et troupeaux d'animaux de toute espèce circulant sur les voies publiques, doit être assurée de telle manière qu'elle ne constitue pas une entrave pour la circulation publique et que leur croisement ou dépassement puisse s'effectuer dans des conditions satisfaisantes. Les troupeaux ne doivent pas stationner sur la chaussée.

Les préfets déterminent chaque année les conditions particulières à observer pour les troupeaux transhumants afin de gêner le moins possible la circulation publique, et notamment les itinéraires que doivent suivre ces troupeaux.

Divagation ou abandon des animaux sur la voie publique

ART. 57. — Sans préjudice des dispositions du code pénal concernant les animaux malfaisants ou féroces, il est interdit de laisser vaguer sur les voies publiques un animal quelconque et d'y laisser à l'abandon des bêtes de trait, de charge ou de selle.

Passage

ART. 58. — Il est défendu de faire ou de laisser paître les animaux de toute espèce sur les voies publiques autres que les chemins ruraux ou vicinaux ordinaires n'intéressant pas la circulation générale et qui auront été portés à la connaissance du public par arrêté préfectoral.

Ces animaux devront être tenus en laisse.

CHAPITRE VII

DISPOSITIONS TRANSITOIRES ET DIVERSES

Contraventions au présent règlement

ART. 59. — Les contraventions aux dispositions du présent règlement seront constatées par des procès-verbaux et déférées aux tribunaux conformément aux lois et règlement en vigueur.

Délais d'application du présent règlement

Art. 60. — Les délais suivants sont accordés pour l'application des articles visés ci-dessus aux véhicules qui seront en service lors de la publication du présent règlement.

Jusqu'au 1er Juin 1924 :

Pour les prescriptions de l'article 22 concernant l'obligation pour certains véhicules automobiles, d'être munis d'un appareil rétroviseur ;

Pour les prescriptions de l'article 24 relatives à l'éclairage spécial des véhicules automobiles.

Jusqu'au 1er Juin 1926 :

Pour les prescriptions de l'article 2 relatives aux dimensions et à la nature des bandages des roues ;

Pour les prescriptions de l'article 3 relatives au gabarit des véhicules et aux saillies des fusées d'essieux, des moyeux ou des organes de freinage.

Pendant les périodes transitoires, chaque espèce continuera à être soumise aux règlements qui lui étaient applicables avant la promulgation du décret du 27 mai 1921.

Exceptions

Art. 61. — Le présent règlement ne s'appliquera pas aux voies ferrées empruntant l'assiette des voies publiques, ni aux véhicules servant à l'exploitation de ces voies ferrées qui continuent à être soumis aux règlements spéciaux les concernant.

Sont dispensés des prescriptions de l'article 21 (2e paragraphe), de l'article 22 (4e paragraphe) et des articles 23 à 30 inclus du présent règlement, les appareils automobiles à usage agricole ou industriel, s'ils ne servent pas au transport des marchandises ou des personnes autres que le conducteur ou les ouvriers nécessaires l'exécution du présent décret qui sera publié au *Journal Officiel* et inséré au *Bulletin des lois.*

Fait à Paris, le 31 décembre 1922.

Par le président de la République :

A. MILLERAND.

ARRÊTÉ MINISTÉRIEL DU 26 JUIN 1922

(modifié par celui du 8 Décembre 1927)

Le ministre des Travaux Publics...

ARRÊTÉ

ARTICLE PREMIER. — Tout véhicule automobile doit être pourvu de deux plaques d'identité portant un numéro d'ordre. Les numéros d'ordre à attribuer aux automobiles seront fixés par l'ingénieur en chef des mines de chaque arrondissement minéralogique.

Le numéro sera porté sur le récépissé de déclaration (prévu à l'article 28 du décret du 27 mai 1921) (1) à remetre à l'intéressé

ART. 2 (ainsi modifié par l'arrêté du 26 juin 1922). — Ce numéro d'ordre comprendra un groupe de chiffres arabes constituant le numéro d'ordre proprement dit, puis des lettres majuscules romaines caractéristiques du service de l'Ingénieur en chef suivies d'un ou plusieurs chiffres arabes indiquant la série à laquelle appartient le numéro d'ordre (2).

---

(1) Aujourd'hui article 28 du décret du 31 décembre 1922.

(2) Les lettres caractéristiques aux divers arrondissements minéralogiques sont les suivantes :

ARRONDISSEMENTS MINERALOGIQUES	LETTRES CARACTERISTIQUES
Alais	A
Arras	R
Bordeaux	B
Chalon-sur-Saône	C
Chambéry	H
Clermont-Ferrand	F
Douai	D
Le Mans	L
Marseille	M
Nancy	N
Poitiers	P
Rouen	Y ou Z
Saint-Etienne	S
Toulouse	T
Paris	E, G, I, U, X

Après les 999 numéros de la première série, la nouvelle série est inscrite en y ajoutant à la lettre caractéristique de l'arrondissement le chiffre 2, 3, 4,... 8 et 9.

Le numéro sera reproduit sur chaque plaque d'identité en caractères blancs sur fond noir avec les dimensions suivantes :

	Plaque avant en m/m	Plaque arrière en m/m
Hauteur des chiffres ou lettres	70	100
Largeur uniforme du trait	10	12
Largeur du chiffre ou des lettres	40	60
Espace libre entre les chiffres ou les lettres (sauf entre le chiffre des dizaines et celui des centaines)	15	20
Espace libre entre les chiffres des dizaines et celui des centaines	23	35

L'ensemble pourra être inscrit sur une seule ligne ou sur deux lignes superposées.

Dans le premier cas le groupe de chiffres sera séparé du groupe des lettres par un trait horizontal placé à moitié de la hauteur de la plaque avec les dimensions suivantes :

	Plaque avant	Plaque arrière
Largeur dans le sens vertical	10	12
Longueur dans le sens horizontal	30	30
Espace libre entre le trait et les chiffres ou lettres	15	20

et la hauteur de la plaque sera de 90 m/m pour la plaque avant

Par tolérance, la plaque arrière peut être placée sur le garde-boue.

ART. 4. —Dès la chute du jour la plaque arrière sera éclairée par réflexion au moyen d'une source lumineuse en parfait état de fonctionnement, la disposition et l'orientation du faisceau lumineux étant telles que l'éclairement de l'inscription soit à peu près uniforme et ait même intensité pour les caractères extrêmes.

Toutefois le véhicule pourra porter à l'arrière, dans un emplacement satisfaisant aux conditions de l'article 3, indépendamment de la plaque fixe réglementaire, une lanterne à réflecteur en parfait état, qui éclairera par transparence un verre laiteux recouvert d'une plaque ajourée ou un dispositif équivalent, faisant apparaître le numéro en caractères lumineux sur fond obscur avec les dispositions et les dimensions spécifiées à l'article 2 ; dans ce cas, la plaque fixe arrière ne sera pas éclairée la nuit.

Quel que soit le moyen adopté pour la signalisation nocturne du numéro arrière, la source lumineuse employée devra avoir une intensité suffisante pour que ce numéro puisse être lu pendant la nuit, de la même distance qu'en plein jour. Les appareils d'éclairage devront dans tous les cas, être disposés de manière à ne porter aucunement atteinte à la visibilité de la plaque arrière fixe pendant le jour.

ART. 5. — En ce qui concerne les cyclecars, quadricycles, tricycles, bicyclettes à moteur et motocyclettes, les dimensions des plaques d'identité pourront être réduites conformément aux indications ci-après :

	a) Cyclecars, tricycles, quadricycles (en m/m)	b) Bicyclettes à moteur, motocyclettes (en m/m)
Hauteur des chiffres ou lettres ..	60	50
Largeur uniforme du trait	8	7
Largeur du chiffre ou de la lettre	35	30
Espace libre entre les chiffres ou lettres (sauf entre le chiffre des dizaines et celui des centaines)	12	10
Espace libre entre les chiffres des dizaines et celui des centaines	23	20
Hauteur de la plaque	80	70

Le groupe des chiffres sera séparé des lettres par un trait horizontal placé à moitié hauteur de la plaque avec les dimensions suivantes.

	a) Cyclecars, tricycles, quadricycles (en m/m)	b) Bicyclettes à moteur, motocyclettes (en m/m)
Largeur dans le sens horizontal..	20	15
Largeur dans le sens vertical....	8	7
Espace libre entre le trait et les chiffres ou lettres	5	5

ART. 6. — La plaque arrière des bicyclettes à moteur pourra ne pas être éclairée pendant la nuit, en conformité avec l'article 24 du décret du 12 Mai 1921.

La plaque avant des bicyclettes à moteur et motocyclettes pourra être placée dans le prolongement de l'axe du cadre de l'appareil sous réserve que l'inscription du numéro réglementaire soit reproduite sur les deux faces de la plaque.

ART. 7. — Les numéros d'immatriculation attribués aux maisons de commerce ou de construction empruntés aux séries W (automobiles à vendre) et WW (automobiles à exporter) pourront être inscrits sur des plaques amovibles.

Les dimensions de ces plaques seront celles prévues pour chaque catégorie aux articles 2 et 6 du présent arrêté.

Art. 8. — Les dispositions du présent arrêté sont applicables aux automobiles militaires et aux omnibus dont l'exploitation est affermée à la « Société des Transports en commun de la région parisienne » sous les réserves ci-après :

a) Automobiles militaires.

Les numéros d'ordre de ces voitures continueront à être fixés par l'autorité militaire. Ils se composeront au maximum de cinq chiffres sans lettre caractéristique et seront précédés d'une bande verticale aux trois couleurs nationales qui restera la caractéristique exclusive des automobiles militaires.

b) Omnibus exploités par la Société des Transports en commun de la région parisienne.

Les numéros d'ordre des omnibus automobiles, dont l'exploitation est affermée à la « Société des transports en commun de la région parisienne » seront fixés par le Préfet de police. Ces numéros seront composés de 4 chiffres au maximum sans lettre caractéristique. Les numéros d'avant pourront être inscrits en noir sur fond clair; ceux d'arrière seront à caractères ajourés et éclairés la nuit par transparence.

Les dimensions uniformes des chiffres inscrits à l'avant et à l'arrière sont les suivantes :

Hauteur des chiffres	85 m/m
Largeur uniforme du trait	12 —
Largeur des chiffres	40 —
Espace libre entre les chiffres	15 —

Art. 9 (ainsi modifié par l'arrêté du 8 décembre 1927). — Par dérogation aux dispositions du présent arrêté, les véhicules étrangers admis à circuler en France sous le régime des conventions internationales conservent le numéro d'ordre qui leur a été attribué dans le pays où ils sont immatriculés et qui est indiqué sur le certificat international dont le véhicule doit être accompagné. Ils doivent avoir, en outre, en évidence, à l'arrière, comme marque distinctive du pays d'origine, une plaque ovale de 30 centimètres de largeur sur 18 de hauteur, portant une ou deux lettres peintes en noir sur fond blanc. Les lettres sont formées de caractères latins majuscules. Elles ont au minimum, 10 centimètres de hauteur ; leurs traits ont 15 millimètres d'épaisseur.

DÉCRET DU 28 JUILLET 1923

concernant l'éclairage des automobiles

Le ministre des travaux publics,

Arrête :

Article premier. — Les appareils d'éclairage qui seront appliqués aux véhicules automobiles à partir du 1er juin 1924 devront, en ce qui concerne les dispositifs prévus aux paragraphes 3 et 4 de l'article 24 du décret du 31 décembre 1922 (code de la route), satisfaire aux conditions prescrites par le présent arrêté.

Art. 2. — Le projecteur ou l'ensemble des projecteurs employés doit avoir une puissance suffisante pour éclairer la route à 100 mètres. En aucun cas, abstraction faite des circonstances où l'éclairage devra être réduit au moyen des dispositifs indiqués aux articles 3 et 4 ci-après, l'intensité lumineuse apparente du ou desdits projecteurs ne doit pas être inférieure à celle qui produirait, sur un écran vertical placé à 100 mètres de distance, un éclairement de 5 centimètres de lux.

Art. 3. — Dans le cas d'appareils utilisant le pouvoir éclairant d'une ou de plusieurs flammes, un dispositif doit permettre de réduire instantanément l'éclairage, soit en diminuant l'intensité des flammes, soit en les occultant par rapport au système optique, soit de toute autre manière équivalente.

Art. 4. — Dans le cas d'appareils électriques ou assimilés, le système d'éclairage doit être disposé de manière à permettre de supprimer l'éblouissement pour les usagers de la route, tout en projetant sur le sol, à 25 mètres environ en avant du véhicule, un faisceau lumineux dont les rayons ne dépassent pas en hauteur, pour toute répartition de la charge du véhicule placé sur route horizontale, le plan parallèle à la route et distant de 1 m. 40 de celle-ci. Toutefois, sont tolérées au-dessus de ce plan les émissions lumineuses provenant de source dont l'éclat intrinsèque ne dépasse pas une bougie et demie par centimètre carré.

Les conditions spécifiées au présent article peuvent être réalisées, soit au moyen d'un projecteur unique convenablement disposé à cet effet, soit au moyen de plusieurs appareils employés simultanément ou non, pourvu que le passage d'un éclairage à l'autre ait lieu sans aucune interruption.

Sont assimilés aux appareils électriques ceux dans lesquels l'incandescence est due au pouvoir calorifique d'une flamme peu éclairante par elle-même.

Art. 5. — Les appareils produisant l'éclairage réduit peuvent être utilisés pour remplir l'office des feux blancs d'avant visés aux paragraphes 1er et 2e de l'article 24 du décret du 31 décembre 1922, pourvu qu'ils remplissent à ce point de vue toutes les conditions réglementaires et sauf les interdictions qui pourraient être édictées par l'autorité locale en ce qui concerne des voies où l'éclairage public assure un éclairement moyen au sol d'au moins deux dixièmes de lux.

Art. 6. — Lorsque l'éclairage réduit est produit par un seul projecteur, celui-ci doit être disposé de manière à éclairer en particulier le côté droit de la route.

Si l'éclairage plein est produit par un seul projecteur, celui-ci est placé à gauche ou dans l'axe du véhicule.

Art. 7. — La vitesse du véhicule doit être ralentie dans toutes les circonstances où le conducteur passe de l'éclairage plein à l'éclairage réduit.

Tout véhicule dont les dispositifs spéciaux d'éclairage ne répondraient pas ou cesseraient de répondre aux conditions fixées par le présent arrêté, devra, pour circuler de nuit, sous le couvert des feux de position qui font l'objet des dispositions des paragraphes 1er et 2e de l'article 24 du décret du 31 décembre 1922, réduire sa vitesse à 20 kilomètres à l'heure au maximum, ainsi que l'exigent les prescriptions du décret précité.

Fait à Paris, le 28 juillet 1923.

YVES LE TROCQUER.

DÉCRET DU 28 DÉCEMBRE 1926

concernant l'unification des compétences en matière de police de la circulation et de la conservation des voies publiques

ARTICLE PREMIER. — A partir de la promulgation du présent décret toutes les infractions aux lois et règlements concernant, soit la police de la circulation sur les voies publiques ou privées, ouvertes à la circulation du public, soit la police de la conservation des voies régulièrement classées comme voies publiques, à quelque catégorie que ces voies appartiennent, seront portées devant les tribunaux de l'ordre judiciaire.

Toutefois, les tribunaux devront surseoir à statuer et renvoyer à l'examen de la juridiction administrative les questions préjudicielles d'ordre administratif et notamment en ce qui concerne les limites, la largeur, la consistance et les dépendances des voies publiques, la détermination de la catégorie dans laquelle elles doivent être rangées, l'objet et la portée des autorisations et concessions accordées, le caractère monumental des perspectives et des sites visés par l'article 118 de la loi du 13 juillet 1922 dans les villes où cet article reçoit son application.

ART. 2. — Les procès-verbaux des infractions à la police de la conservation des voies publiques ou à la police de la circulation continueront à être dressés conformément aux lois et règlements en vigueur ; toutefois, auront qualité pour dresser des procès-verbaux, en outre les agents actuellement qualifiés à cet effet :

1° Les cantonniers chefs du service vicinal sur les chemins vicinaux ;

2° Les gardes-champêtres sur les voies de toutes catégories, aussi bien dans l'intérieur qu'en dehors des agglomérations.

A l'avenir les procès-verbaux dressés en matière de voirie ne seront dans aucun cas assujettis à la formalité de l'affirmation.

ART. 3. — Les usurpations, les dégradations et en général tout fait qui porte atteinte ou est de nature à porter atteinte à l'intégrité des voies publiques et des ouvrages qu'elles comportent, à en modifier l'assiette ou à occasionner des détériorations, l'inobservation des servitudes d'utilité publique établies dans l'intérêt desdites voies, de même que toute infraction aux règlements pris par les autorités administratives compétentes en vue d'assurer la conservation des voies publiques, constituent des contraventions de police qui peuvent être constatées à toute époque. Indépendamment de l'amende à laquelle ils se seront exposés, les auteurs ou les personnes civilement responsables seront condamnées, quel que soit le temps écoulé depuis le fait constitutif de contravention, à la réparation du dommage causé, à la restitution du sol usurpé ou à l'enlèvement des ouvrages faits ; ils supporteront les frais et dépens de l'instance, ainsi que les frais des mesures provisoires et urgentes que l'administration pourra prendre pour rétablir la circulation.

ART. 4. — Si la contravention est dressée au cours de l'exécution d'ouvrages ou de travaux de nature à causer des détériorations ou à porter atteinte à l'intégrité de la voie publique et de ses dépendances, l'agent à la requête duquel sont dirigées les poursuites pourra, en déférant le procès-verbal de la contravention, demander au tribunal de simple police de statuer d'urgence sur la discontinuation des travaux.

Le tribunal de simple police, après avoir entendu le contrevenant ou l'avoir dûment convoqué à comparaître dans les quarante-huit heures ainsi que le représentant de l'administration et, s'il y a lieu, tel expert désigné par le tribunal, pourra ordonner la cessation immédiate des travaux jusqu'à la solution définitive prononçant sur la contravention ; la décision sera exécutoire sur minute et nonobstant opposition ou appel et l'administration prendra, s'il y a lieu, toutes mesures de coercition nécessaires pour en assurer l'application immédiate.

Art. 5. — Les procès-verbaux des contraventions à la police de la conservation des voies publiques seront transmis, suivant la catégorie à laquelle appartient la voie publique intéressée, soit à l'ingénieur en chef des ponts et chaussées, soit à l'agent voyer, chef du service de ladite voie, ou à défaut au maire de la commune sur le territoire de laquelle l'infraction aura été commise ou à son représentant légal ; les infractions seront poursuivies à la requête de ces agents. Les fonctions de ministère public devant le tribunal de simple police seront remplies par le chef de service de voirie intéressé ou l'agent désigné par lui, ou, à défaut de service organisé, par l'une des personnes visées à l'article 144 du code d'instruction criminelle modifié par la loi du 31 décembre 1906.

En cas d'appel devant le tribunal correctionnel, l'ingénieur en chef des ponts et chaussées ou le chef de voirie intéressé a le droit d'exposer l'affaire devant le tribunal et d'être entendu à l'appui de ses conclusions.

Art. 6. — Il n'est rien dérogé aux dispositions des articles, 3, 4, 5 et 6 de la loi du 21 Juin 1898 qui fixent les règles suivant lesquelles il peut être procédé à la démolition des édifices menaçant ruine.

Art. 7. — Si une infraction aux dispositions des décrets et arrêtés préfectoraux ou municipaux relatives à la police de la circulation est constatée par un agent verbalisateur spécialement pourvu à cet effet d'un carnet de quittances à souches, le contrevenant aura la faculté d'effectuer immédiatement entre les mains de cet agent le payement de l'amende. Ce versement aura pour effet d'arrêter toute poursuite, sauf si l'infraction constatée a exposé son auteur soit à une sanction autre que pécuniaire, soit à la réparation de dommages causés aux personnes ou aux biens, soit aux peines qui s'attachent à la récidive.

Si un contrevenant se trouve hors d'état de justifier d'un domicile sur le territoire français, il peut être astreint à fournir caution ou à verser une somme déterminés en garantie du recouvrement éventuels des sanctions pécuniaires qu'il a encourues. Au cas d'impossibilité ou de refus par lui de fournir cette garantie, l'objet ayant servi à commettre l'infraction pourra être séquestré.

Un règlement d'administration publique déterminera les conditions d'application des présentes dispositions et notamment les catégories d'agents verbalisateurs limitativement habilités à recevoir les versements prévus aux deux paragraphes ci-dessus, le quantum et les modalités de ses perceptions, les règles concernant les cautions et séquestres. (Voir ce règlement page 29).

Art. 8. — Il n'est apporté aucune modification aux dispositions en vigueur en ce qui concerne les attributions respectives du préfet de la Seine et du préfet de police

Art. 9. — Il n'est en rien dérogé en ce qui concerne la législation des chemins de fer et des autres dépendances du domaine public.

Art. 10. — Sont abrogées toutes dispositions contraires au présent décret.

Fait à Paris, le 28 décembre 1926.

GASTON DOUMERGUE.

DÉCRET DU 21 AOUT 1928

ARTICLE PREMIER. — Les articles 11 et 29 du décret du 31 décembre 1922 sont modifiés comme suit :

Article 11.

Stationnement des véhicules sur la voie publique.

Il est interdit de laisser sans motif légitime un véhicule stationner sur la voie publique.

Tout véhicule en stationnement sera placé de manière à gêner le moins possible la circulation et à ne pas entraver l'accès des propriétés.

Les conducteurs ne peuvent abandonner leur véhicule avant d'avoir pris les précautions nécessaires pour éviter tout accident.

Lorsqu'un véhicule est immobilisé par suite d'accident ou que tout ou partie d'un chargement tombe sur la voie publique sans pouvoir être immédiatement relevé, le conducteur doit prendre les mesures nécessaires pour garantir la sécurité de la circulation et notamment pour assurer, dès la chute du jour, l'éclairage de l'obstacle.

Article 29

Permis de conduire.

Nul ne peut conduire un véhicule automobile s'il n'est porteur d'un permis délivré par le préfet du département de sa résidence sur l'avis favorable d'un expert accrédité par le ministre des travaux publics. Ce permis ne peut être délivré qu'à des candidats âgés d'au moins dix-huit ans. Il ne peut être utilisé pour la conduite, soit des voitures affectées à des transports en commun, soit des véhicules dont le poids en charge dépasse 3.000 kg. que s'il porte une mention spéciale à cet effet.

Les conducteurs de motocycles à deux roues doivent être porteurs d'un permis spécial que le préfet pourra, sur l'avis favorable d'un expert accrédité, délivrer aux candidats âgés de seize ans au moins.

Sont dispensés des prescriptions énoncées dans les paragraphes précédents les conducteurs de véhicules à propulsion mécanique dont l'objet principal est la culture des terres.

Le ministre des travaux publics fixe, par arrêté, les conditions dans lesquelles doivent être établis et délivrés les permis de conduire.

Si le titulaire d'un permis de conduire est l'objet d'un procès-verbal constatant un des faits prévus aux articles 319 et 320 du code pénal, le préfet du département où a été dressé le procès-verbal peut prononcer la suspension du permis jusqu'à la décision judiciaire à intervenir.

Lorsque le titulaire est condamné pour avoir contrevenu aux dispositions du présent décret, le préfet du département où intervient la condamnation peut prononcer soit la suspension, soit l'annulation du permis.

Quand le titulaire d'un permis est condamné par application des articles 319 et 320 du code pénal, le préfet doit prononcer soit la suspension, soit l'annulation du permis.

L'annulation est obligatoirement prononcée si le jugement constate que le conducteur a commis par surcroît le délit de fuite visé par la loi du 17 juillet 1908 ou qu'il était en état d'ivresse. Elle l'est également en cas d'infraction à un arrêt prononçant la suspension du permis

En cas d'annulation l'arrêté qui la prononce peut fixer un délai à l'expiration duquel le titulaire du permis annulé pourra en solliciter un nouveau. Sinon le titulaire du permis annulé ne peut en solliciter un nouveau qu'après y avoir été autorisé par le préfet après avis de la commission spéciale prévue ci-après.

Si postérieurement à la délivrance d'un permis une incapacité permanente du titulaire est dûment constatée, le préfet du département où cette constatation a lieu prononce l'annulation du permis.

Tous les arrêtés préfectoraux portant suspension ou annulation du permis de conduire sont pris après avis d'une commission technique spéciale. Les titulaires de permis contre lesquels une mesure est proposée doivent être convoqués devant cette commission ; ils peuvent y présenter des observations, soit en personne, soit par représentants. Les arrêtés de suspension ou d'annulation de permis sont notifiés par les préfets au ministre des travaux publics pour être transmis à l'organisme chargé de l'établissement et de la tenue à jour d'un répertoire général des permis. Les permis suspendus ou annulés sont retirés aux titulaires temporairement en cas de suspension, définitivement en cas d'annulation.

ART. 2. — Les ministres de l'intérieur et des travaux publics sont, chacun en ce qui le concerne, chargés de l'exécution du présent décret, qui sera publié au *Journal officiel* de la République française et inséré au *Bulletin des lois*.

Fait à Rambouillet, le 21 août 1928.

GASTON DOUMERGUE.

Règlement d'administration publique

prévu par l'article 7 du décret du 28 décembre 1926

Le Président de la République française,

Sur le rapport du président du conseil, ministre des finances, du garde des sceaux, ministre de la justice, et des ministres de l'intérieur et des travaux publics,

Vu l'article 7 du décret du 28 décembre 1926 relatif à l'unification des compétences en matières de police de la circulation et de la conservation des voies publiques, pris en exécution de l'article 1er de la loi de finances du 3 août 1926 ;

Le conseil d'Etat entendu,

Décrète :

ARTICLE PREMIER. — Les amendes pour contraventions de police commises par infraction aux décrets et arrêtés préfectoraux ou municipaux réglementant la circulation peuvent faire l'objet du payement immédiat prévu par l'article 7 du décret du 28 décembre 1926, dans les conditions définies dans les articles ci-après.

Art. 2. — Peuvent seuls procéder à l'encaissement immédiat de l'amende les agents de la police spéciale de la route désignés par un décret rendu sur la proposition du ministre des travaux publics et du ministre de l'intérieur et concerté, s'il y a lieu, avec le ministre dont relèvent ces agents.

Art. 3. — Le versement opéré entre les mains de l'agent verbalisateur donne lieu, dans tous les cas, à la délivrance par cet agent d'une quittance extraite d'un carnet à souches, dont le modèle sera arrêté par le ministre des finances.

Art. 4. — Le payement de l'amende entre les mains de l'agent verbalisateur est facultatif, il a pour effet d'éviter toutes poursuites de la part du parquet, sauf conformément au paragraphe 1er de l'article 7 du décret du 28 décembre 1926 si l'infraction constatée a exposé son auteur, soit à une sanction autre que pécuniaire, soit à la réparation de dommages causés aux personnes ou aux biens, soit aux peines qui s'attachent à la récidive, dans les conditions prévues aux articles 474, 478, 482 et 483 du code pénal.

Art. 5. — L'agent verbalisateur rédige, même en cas de payement immédiat de l'amende, un procès-verbal qui est transmis au ministère public près le tribunal de simple police du lieu de l'infraction.

Il fait signer par le contrevenant la reconnaissance de la contravention.

Art. 6. — La somme à verser à titre d'amende est fixée forfaitairement, y compris tous les éléments perçus au profit du Trésor en vertu des lois en vigueur, à l'exception des frais de justice, à 75 fr. pour les contraventions donnant lieu actuellement à une amende dont le principal est de 1 à 5 fr.

100 fr. pour les contraventions donnant lieu à une amende dont le principal est de 6 à 10 fr.

150 fr. pour les contraventions donnant lieu à une amende dont le principal est supérieur à 10 fr. et pour plusieurs contraventions simultanées.

Art. 7. — Sur les sommes de 75 fr., 100 fr. et 150 fr. prévues à l'article précédent, il est prélevé, conformément aux dispositions des lois des 26 décembre 1890 (art. 11), 28 avril 1893 (art. 45) et du 13 avril 1898 (art. 84), les sommes de 2 fr. 40, 6 fr. 40 et 10 fr. 40 au profit du fonds commun des amendes de répression.

Art. 8. — Le président du conseil, ministre des finances, le garde des sceaux, ministre de la justice, les ministres de l'intérieur et des travaux publics sont chargés, chacun en ce qui le concerne, de l'exécution du présent décret, qui sera publié au *Journal officiel* et inséré au *Bulletin des lois*.

Fait à Rambouillet, le 30 septembre 1928.

GASTON DOUMERGUE.

Par le Président de la République :

Le président du conseil,
ministre des finances,
RAYMOND POINCARÉ.

Le garde des sceaux, ministre de la justice,
LOUIS BARTHOU.

Le ministre de l'intérieur,
ALBERT SARRAUT.

Le ministre des travaux publics,
ANDRÉ TARDIEU.

L'application de différents articles du *Code de la Route*
soulève souvent certains doutes que seul un homme de loi
est capable de résoudre. Afin d'éviter au lecteur la nécessité
de consulter, dans tous les cas litigieux, un avocat, nous
avons pensé faire œuvre utile en publiant un commentaire
article par article de toute la réglementation sur la locomotion sur route, sous le titre de ·

NOUVEAU CODE

DE LA ROUTE

EXPLIQUÉ

dans lequel tous les paragraphes sont immédiatement suivis
de leurs commentaires.

Pour établir ce commentaire, nous nous sommes adres-

LES MEILLEURS OUVRAGES DE T. S. F.

La **T. S. F. expliquée**, par Vallier 3 60
Le poste de l'amateur de **T. S. F.**, par Hémardinquer . . . 20 »
Les montages modernes en radiophonie, par Hémardinquer. . 24 »
Les lampes à plusieurs électrodes et leurs applications, par
  Groszkowsky . . . . 40 »
Les lampes à deux grilles et leur application, par Hémardinquer . . . . 6 »
Le superhétérodyne et la superréaction, par Hémardinquer. 21 60
Le superhétérodyne, par de Bellescize. . . . . 15 »
L'alimentation des postes de **T. S. F.** par le secteur, par
  M. Chauvierre . . . . 9 »
Tous les montages de **T. S. F.**, par A. Boursin . . . . . 9 »
La réception sur galène des radio-concerts. Instruction pratique pour construire soi-même un poste à galène. . . . 2 40
La téléphonie sans fil en haut-parleur, par le Dr P. Husnot.
  Construction simplifiée d'un poste à lampes spécialement
  adapté à la réception des radio-concerts 3 60
Ta **T. S. F.** en 30 leçons. Cours professé au conservatoire national des arts et métiers au prix de 43 20
  Ces cours sont vendus également par fascicules séparés :
  Tome I, 9 fr.; tome II, 9 fr.; tome III, 7 fr. 20; tome IV,
    7 fr. 20; tome V, 9 fr.
La meilleure initiation à la **T. S. F.** :
  La **T. S. F.** pour tous, tome II, relié . . . . 30 »
  La **T. S. F.** pour tous, tome II, relié . . . . 30 »
Théorie et pratique de la **T. S. F.**, par Bérard . . . . . 30 »
Formulaire de la **T. S. F.**, par Malgorn. . . . . 30 »
La construction des appareils de télégraphie sans fil, par
  L. Michel 3 60
Les ondes courtes, par Clavier 7 20
La zincite et les montages crystadines, par Pierre Lafond. . 1 80
Les ondemètres, construction, étalonnage, emploi, par P.
  Lugny . . . . 6 »
Les résistaces en **T. S. F.**, par P. Lugny 4 50
Manuel pratique pour le dépannage des postes de **T. S. F.**,
  par G. Teyssier 3 50

Pour être au courant de toutes les nouveautés,
il faut lire chaque mois : —

L'Onde Electrique, le numéro, 4 fr.; abonnement (1 an). . . 50 »
La Radio, le numéro, 3 fr.; abonnement (1 an). . . . . . 30 »
La **T. S. F.** pour Tous, le numéro, 4 fr.; abonnement . . . . 36 »

Etienne CHIRON, éditeur, 40, rue de Seine, Paris (6e)

H. GIELFRICH

L'AUTOMOBILE EXPLIQUÉE

*Tout ce qu'il faut
connaître sur la construction,
l'entretien, la conduite,
le dépannage et le choix
des automobiles*

Ce livre constitue une véritable encyclopédie de l'automobilisme absolument indispensable à tout automobiliste.

PRIX : 18 fr. (Franco 19 fr. 50)

ETIENNE CHIRON, Éditeur
40, Rue de Seine, 40, PARIS (VIᵉ)

PRIX : 7 fr. 50

Franco : 8 francs

PRIX : 7 fr. 50

Franco : 8 francs

G. BONNEFOY

Docteur en droit

Greffier en Chef du Tribunal de Simple Police de Paris

LE NOUVEAU
CODE
DE LA ROUTE
EXPLIQUÉ

COMMENTAIRE
DÉTAILLÉ DE
TOUS LES DÉCRETS
AVEC ANALYSE
DE NOMBREUX
PRÉCÉDENTS

TROISIÈME ÉDITION
mise au jour au
1ᵉʳ DÉCEMBRE 1928

PRIX : 7 fr. 50

Automobilistes !

**Sachez vos droits
... et vos devoirs**

ÉTIENNE CHIRON, Éditeur

40, rue de Seine, PARIS (VIᵉ)